AF626360

Thai Liou

STREET FOOD ASIEN

Thai Liou

STREET FOOD ASIEN

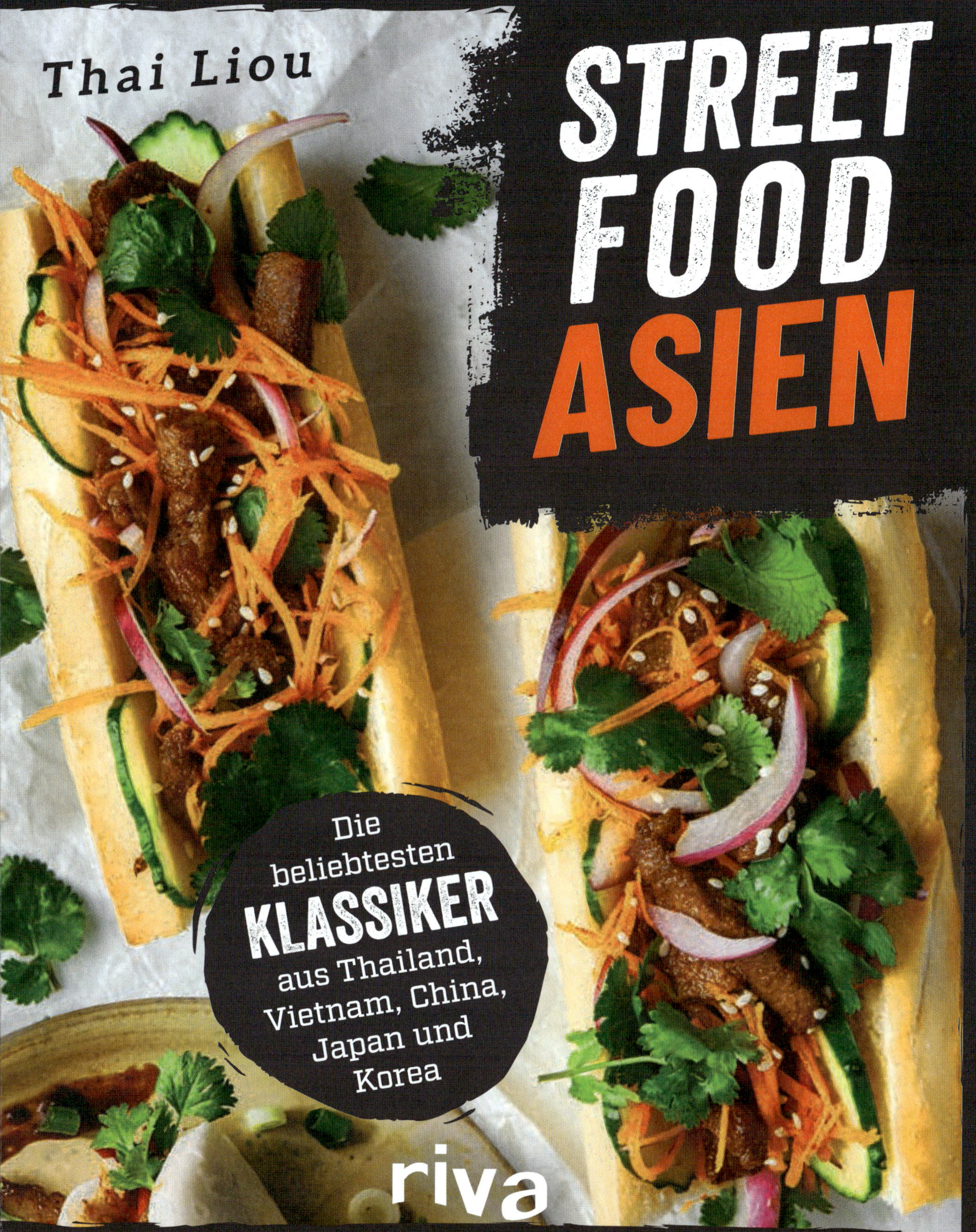

Die beliebtesten **KLASSIKER** aus Thailand, Vietnam, China, Japan und Korea

riva

Hallo, ihr Lieben,

Ich freue mich sehr, dass du mein neues Kochbuch in den Händen hältst. Diesmal geht es um asiatisches Streetfood.

Überall in Asien findet man Garküchen und sie erfreuen sich großer Beliebtheit. Man kann dort jederzeit einen kleinen Snack oder eine komplette Mahlzeit bekommen, und das zu sehr erschwinglichen Preisen. Die meisten dieser Stände bieten nicht mehr als ein oder zwei Gerichte an, aber diese werden meisterhaft zubereitet. Streetfood ist nicht nur ein kulinarisches Erlebnis, sondern auch in der asiatischen Esskultur eine feste Größe. Es gibt sogar Straßenverkäufer, die keinen festen Stand haben. Ich persönlich erinnere mich gerne an eine Frau mit einer Bambuskarre, die jeden Morgen an unserem Haus vorbeikam und auf der einen Seite Schüsseln und auf der anderen einen Topf mit Khao Piek Sen geladen hatte.

Wir unternehmen mit diesem Buch eine Reise durch alle Länder Asiens – China, Japan, Korea, Laos, Vietnam und Thailand – und präsentieren die beliebtesten und bekanntesten Gerichte der Straßenverkäufer. Lass dich zu diesem Geschmacksabenteuer einladen.

Wie immer sind die Rezepte unkompliziert und einfach nachzukochen. Guten Appetit!

Thai und Isabelle

INHALT

VIETNAM

THAILAND UND LAOS

ZUTATEN

COCK BRAND
水磨糯米
粉
NET WEIGHT / POIDS NET: 14 oz (400 g)
COCK BRAND
水磨菱
粉
TAPIOCA STARCH
COCK BRAND
水磨粘米
粉
FARINE DE RIZ
WHITE RICE FLOUR
陳年花雕酒
CHEN NIAN HUA TIAO WINE
綠鹿
LULU
雪菜王
シマヤだしの素
DASHI-NO-MOTO
40g
otafuku
SAUCE
お好みソース
For Topping
NET WT. 10.6 OZ
(300g)
おいしいマヨネーズを選びましょう
Durra
Tahina
LEE KUM KEE
CHILLI OIL
辣椒油
207 mL
BLACK VINEGAR

Por-Kwan
SHRIMP PASTE
Pate de Crevette
(Kapi)
FIRST GRADE
Net Wt./Poids Net: 227g
珠江橋牌
PEARL RIVER BRIDGE
Superior Light
Soy Sauce
生抽王
Naturally Brewed
Since 1958
PEARL RIVER BRIDGE
Superior Dark
Soy Sauce
老抽王
Since 1958
のものも
nomo nomo
日本酒 500mℓ
LEE KUM KEE
GLUTEN FREE
HOISIN SAUCE
無麩質海鮮醬
397g
白米醋
White Rice Vinegar
寿し酢
Maggi
Arome
LEE KUM KEE
255g
Squid
FISH SAUCE
Yeo's
Pure Huile De Sésame
香麻油
100% 純正
100% Sesam Öl
100% Sesamolie

幼白素麵
FINE AND WHITE PLAIN NOODLES
NOUILLES BLANCHES FINES
284g (10oz)
CRISPY & LIGHT
BREAD CRUMBS
PANKO
MADE IN KOREA
NET WT 200 g (7.1 oz)
WORLD FLAVOURS
友白髮麵
SOMEN JAPONAIS
POIDS NET / NET WT.:
454 G (16 oz)
Riz Gluant
金鳳凰白糯米
Poids Net : 1kg
REF : 101278
Produit de Thaïlande
Shinode
寿司
ORIGINAL
PREMIUM SUSHI RICE
1Kg
SFPA
PÂTÉ DE POISSON FRIT

Sempio
GOCHUJANG
샘표 태양초 고추장
KOREAN CHILI PASTE
VEGAN
FROZEN LIME LEAVES
FEUILLES DE CITRON CONGELEES
Crevettes Séchées Congelées
Frozen Dried Shrimp
Getrockene Garnelen
Metapenaeus ensis
特選蝦米
Produit de Thaïlande
Product of Thailand
Produkt aus Thailand
Poids Net/ Net Weight/
Netto-gewicht : 100 g
云吞皮
FEUILLET WON-TON
GIÒ SỐ 1
胖妞食品
PANGNIU FOOD
TOFU
FERME
DLC 17 02 2023
卤水豆腐
FABRIQUÉ EN FRANCE

KOREA

CORN DOGS

✳ ERGIBT 8 STÜCK ✳

VORBEREITUNG: 20 MIN. | GARZEIT: 5 MIN. | WARTEZEIT: 30 MIN.

FÜR DEN TEIG

- 250 g Weizenmehl
- 30 g Zucker
- 5 g Hefe
- 3 g Salz
- 230 ml Wasser

FÜR DIE CORN DOGS

- 8 große Hot-Dog-Würstchen
- 150 g Panko (oder Paniermehl)
- Öl zum Frittieren
- feiner Zucker
- Senf
- Ketchup

ZUBEHÖR

- 8 Holzspieße

1. Für den Teig Mehl, Zucker, Hefe und Salz in einer großen rechteckigen Schüssel mischen und das Wasser hinzufügen. Alles zu einem homogenen Teig verrühren. Abdecken und 30 Minuten ruhen lassen.
2. Die Würstchen der Länge nach aufspießen. Das Paniermehl auf einen Teller geben.
3. Wenn der Teig geruht hat, das Öl auf 150 °C erhitzen. Die Wurstspieße im Teig wälzen, bis sie vollständig umhüllt sind – nimm ruhig eine angefeuchtete Hand zu Hilfe! Dann die Spieße im Paniermehl wälzen.
4. Die Spieße in das heiße Öl legen und regelmäßig wenden, bis sie goldbraun sind. Herausnehmen und auf Küchenpapier abtropfen lassen.
5. Die Corn Dogs mit Zucker bestreuen und etwas Senf und Ketchup daraufgeben.

TIPP

Du kannst die Spieße auch mit Käse zubereiten (am besten mit festem Mozzarella, der sich gut schneiden lässt) oder Wurst und Käse kombinieren.

SO-TTEOK

✳ ERGIBT 8 SPIESSE ✳

VORBEREITUNG: 10 MIN. | GARZEIT: 15 MIN.

- 8 Wiener Würstchen
- 24 *Tteok* (Reiskuchen)
- 1 EL *Gochujang*
- 5 EL Ketchup
- 2 EL helle Sojasoße
- 2 EL feiner Zucker
- 2 Knoblauchzehen, gehackt
- 1 EL Sesam, geröstet (nach Belieben)
- 1 EL *Aonori* (Algenflocken, nach Belieben)

ZUBEHÖR

—

- 8 Holzspieße

1. Die Würste auf die gleiche Länge wie die *Tteok* schneiden.
2. Die *Tteok* 6 Minuten in kochendem Wasser garen, dann die Würstchen dazugeben und weitere 2 Minuten garen. In kaltem Wasser abschrecken.
3. Anschließend abwechselnd 3 Würstchenstücke und 3 *Tteok* auf Spieße stecken.
4. *Gochujang*, Ketchup, Sojasoße, Zucker und Knoblauch in einem Topf auf niedriger Stufe erhitzen. Umrühren und 2 Minuten köcheln lassen. Zur Seite stellen.
5. Die Spieße in einer großen, leicht geölten Pfanne bei schwacher Hitze auf jeder Seite 2 Minuten anbraten. Herausnehmen, mit der Soße bestreichen und mit *Aonori* und Sesamkörnern bestreuen.

TIPP

Damit die *Tteok* beim Aufspießen nicht platzen, drehe den Spieß vorsichtig, während du sie durchstichst.

KIRIN
一番搾り
ICHIBAN

FRITTIERTE HÄHNCHEN
MIT GOCHUJANG

✴ FÜR 4 PERSONEN ✴

VORBEREITUNG: 20 MIN. | GARZEIT: 10 MIN.

- 1,2 kg Hähnchenflügel
- 5 EL Kartoffelstärke
- Öl zum Frittieren
- 2 Knoblauchzehen, gehackt
- 2 EL Tomatenmark
- 2 EL *Gochujang*
- 5 EL helle Sojasoße
- 3 EL Reisessig
- 5 EL Honig
- 1 Frühlingszwiebel, gehackt
- Salz, Pfeffer
- 1 EL geschmacksneutrales Öl

1. Die Hähnchenflügel am Gelenk teilen und in eine Schüssel geben. Salzen und pfeffern.
2. Die Kartoffelstärke zugeben und die Hähnchenflügel gründlich darin wälzen. Anschließend in heißem Öl (170 °C) etwa 8 Minuten frittieren. Herausnehmen und auf Küchenpapier abtropfen lassen.
3. 1 EL Öl in einer Pfanne auf mittlerer Stufe erhitzen. Den Knoblauch einige Sekunden anbraten, dann Tomatenmark, *Gochujang*, Sojasoße, Reisessig und Honig hinzugeben. Alles gut verrühren und 1 Minute köcheln lassen. Die Hähnchenflügel in die Soße legen und umrühren, bis sie ganz umhüllt sind.
4. Mit gehackter Frühlingszwiebel bestreuen und servieren.

Frittierte Hähnchen mit Gochujang

Kimbap

KIMBAP

✳ ERGIBT 4 STÜCK ✳

VORBEREITUNG: 45 MIN. | GARZEIT: 25 MIN.

- 300 g japanischer Rundkornreis
- 400 ml Wasser (= ca. 600 g gekochter Reis)
- 1 EL geschmacksneutrales Öl zum Braten
- 1 Karotte, in Stifte geschnitten
- Salz
- 2 Eier
- 2 Scheiben Kochschinken
- 12 *Surimi*-Stäbchen (Fischprodukt)
- 120 g Blattspinat, harte Stiele entfernt
- Sesamöl (+ 1 TL für den Spinat + 1½ EL für den Reis + etwas mehr zum Einpinseln)
- 4 Nori-Blätter (18 × 21 cm)
- 1 Stück Gurke (10 cm), in 8 Stifte geschnitten
- 1 Stück eingelegter Rettich (*Danmuji*, 10 cm), in 8 Stifte geschnitten
- 2 TL gerösteter Sesam

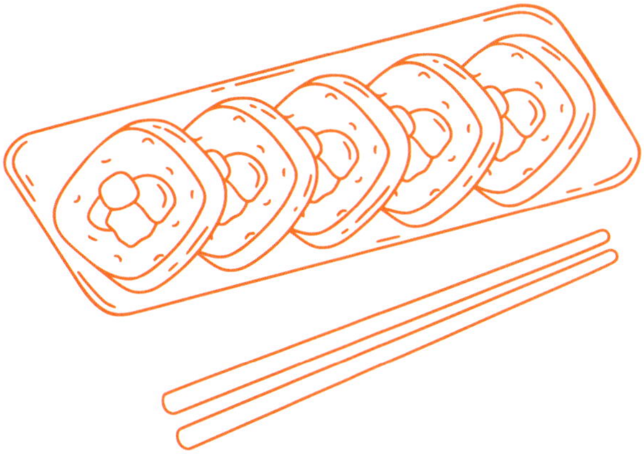

1. Den Reis gut abspülen, bis das Wasser klar abläuft. Zum Kochen im Reiskocher den Reis abtropfen lassen und mit 400 ml Wasser aufgießen, dann das Gerät einschalten. Zum Kochen im Topf den abgetropften Reis und das Wasser zum Kochen bringen, dann die Hitze auf ein Minimum reduzieren. Zudecken und 12 Minuten kochen lassen. Anschließend den Herd ausschalten und den Reis 10 Minuten nachquellen lassen. Der Deckel darf zu keinem Zeitpunkt abgenommen werden.
2. 1 EL Öl in einer Pfanne auf mittlerer Stufe erhitzen. Die Karotte 1–2 Minuten mit etwas Salz anbraten, dann beiseitestellen. Die Eier verquirlen und 2 dünne Omeletts zubereiten. Nicht zu braun werden lassen. Beiseitestellen. Schinken und *Surimi*-Sticks goldbraun braten und beiseitestellen.
3. Den Spinat 30 Sekunden blanchieren, in kaltem Wasser abschrecken, gut ausdrücken und in eine Schüssel geben. Salz und Sesamöl hinzufügen und gut verrühren.
4. Das Omelett und den Schinken jeweils in 8 Streifen schneiden (ca. 3 cm breit).
5. Den gekochten Reis mit Salz und Sesamöl mischen.
6. Die *Kimbap* zubereiten: Jeweils 1 Nori-Blatt mit der glatten Seite nach unten auf die Arbeitsfläche legen, etwa 140 g gegarten Reis darauf verteilen und dabei einen Rand von 5 cm am oberen Rand des Blattes lassen. Mittig auf dem Reis 2 Omelettstreifen, 3 *Surimi*-Sticks, 2 Schinkenstreifen, 2 Gurken- und 2 Rettichstifte, einige Karottenstreifen und etwas Spinat legen. Vorsichtig aufrollen. Den freien Rand des Nori-Blatts mit etwas Wasser befeuchten, dann zu Ende rollen. Das *Kimbap* auf eine Sushi-Matte legen, einrollen und mit leichtem Druck zu einem gleichmäßigen Zylinder formen.
7. Zum Schluss die Nori-Rollen mit Sesamöl einpinseln, mit Sesamkörnern bestreuen und in 1 cm dicke Scheiben schneiden.

TTEOKBOKKI

✳ FÜR 4 PERSONEN ✳

VORBEREITUNG: 10 MIN. | GARZEIT: 10 MIN.

- 200 g *Eomuk* (Fischkuchen)
- 2 Frühlingszwiebeln
- 650 ml Hühnerbrühe
- 1 EL Zucker
- 1 EL *Gochugaru*
- 2 EL helle Sojasoße
- 2 EL *Gochujang*
- Pfeffer
- 600 g *Tteok* (Reiskuchen)

1. Die *Eomuk*-Blätter der Länge nach in 3 Stücke und dann in der Breite in 5 Stücke schneiden. Die Frühlingszwiebeln in 5 cm lange Stücke schneiden. Etwas vom grünen Teil in dünnere Ringe schneiden.
2. Die Hühnerbrühe in einer Pfanne auf mittlerer Stufe erhitzen. Zucker, *Gochugaru*, Sojasoße, *Gochujang* und Pfeffer hinzufügen und umrühren. Dann *Tteok* und *Eomuk* hinzufügen und vorsichtig unterrühren. 5 Minuten köcheln lassen, die Frühlingszwiebeln zugeben und weitere 5 Minuten köcheln lassen.
3. Anrichten und mit den grünen Frühlingszwiebelringen bestreuen.

TIPP

Wer keine Fischkuchen *(Eomuk)* bekommt, kann stattdessen Würstchen schräg in Stücke schneiden.

DALGONA

✳ FÜR 1 DALGONA ✳

VORBEREITUNG: 12 MIN. | GARZEIT: 5 MIN.

- 30 g feiner Zucker
- 1 Prise Natron

ZUBEHÖR

—

- Bambus-Essstäbchen
- Backpapier
- 1 kleiner Holzspieß
- 1 kleine Ausstechform (Stern, Herz o. Ä.)

1. Den Zucker in einer kleinen beschichteten Pfanne auf niedriger Stufe erhitzen, bis er zu schmelzen beginnt. Mit einem Bambus-Essstäbchen umrühren.
2. Wenn der Zucker anfängt, braun zu werden, die Pfanne vom Herd nehmen. Eine kleine Prise Natron dazugeben und 5 Sekunden lang schnell rühren.
3. Die Masse auf ein mit Backpapier belegtes Blech gießen und zu einem Kuchen formen. 50 Sekunden abkühlen lassen. Wer möchte, kann einen kleinen Spieß auf den Rand legen und so drehen, dass er unter der Zuckermasse verschwindet. Dann entsteht ein Lolli. 50 Sekunden warten, dann mit dem Ausstecher ein Motiv in die Mitte drücken. 5 Minuten abkühlen lassen, dann vom Backpapier ablösen.

TIPP

Damit die *Dalgona* beim Ablösen vom Papier nicht zerbrechen, nach der 5-minütigen Wartezeit die Klinge eines breiten Messers zwischen die Süßigkeit und das Backpapier schieben.

KKWABAEGI

✶ FÜR 8 STÜCK ✶

VORBEREITUNG: 30 MIN. | GARZEIT: 3 MIN. | WARTEZEIT: 1 STD. 15 MIN.

- 350 g Weizenmehl
- 5 g Hefe
- 40 g feiner Zucker + etwas mehr zum Servieren
- ½ TL Salz
- 1 Ei
- 150 ml Milch
- 30 g Butter, zerlassen
- Öl zum Frittieren

1. In einer großen Schüssel das Mehl mit der Hefe, dem Zucker und dem Salz mischen. Dann Ei, Milch und geschmolzene Butter hinzufügen und kneten, bis ein glatter, homogener Teig entsteht. Zu einer Kugel formen, abdecken und 1 Stunde ruhen lassen (der Teig sollte sein Volumen verdoppelt haben).
2. Den Teig entgasen und in 8 Stücke schneiden. Ein Stück jeweils zu einem 30 cm langen Strang formen, dann die Hände auf die Enden des Strangs legen und eine nach vorn, die andere nach hinten führen. So wird der Strang in sich gedreht. Die beiden Enden aneinanderlegen und mit zusammendrücken, damit der Teigstrang sich wie eine Kordel aufrollt. Abdecken und 15 Minuten ruhen lassen.
3. Frittieröl auf 170 °C erhitzen. Die *Kkwabaegi* eintauchen und 3 Minuten lang regelmäßig wenden, bis sie schön gebräunt sind.
4. Aus dem Öl nehmen, auf Küchenpapier abtropfen lassen und mit Zucker bestreuen.

TIPP

Wer möchte, wälzt die Teigstränge vor dem Frittieren in Panko. Anschließend kannst du sie auch mit Zimtzucker, geschmolzener Schokolade oder einem Brotaufstrich genießen.

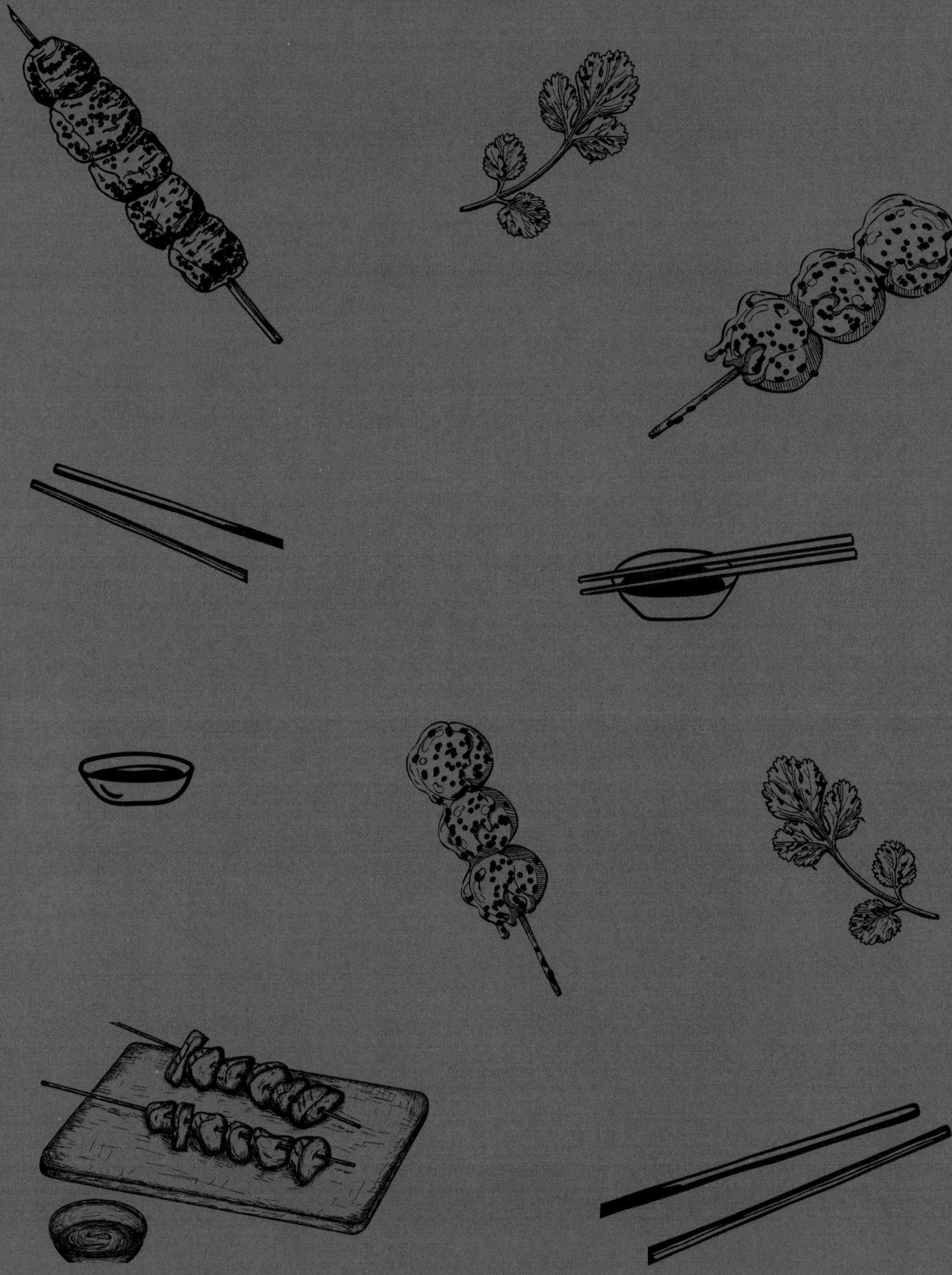

JAPAN

TAKOYAKI

✶ FÜR 24 TAKOYAKI ✶

VORBEREITUNG: 15 MIN. | GARZEIT: 10 MIN.

- geschmacksneutrales Öl
- 1 gegarter Tintenfischarm (ca. 140 g), in 1 cm lange Stücke geschnitten
- 20 g *Katsuobushi* (Thunfischflocken), davon 10 g fein zerrieben
- 1 Frühlingszwiebel, in dünne Ringe geschnitten
- 2 EL *Beni shoga* (eingelegter Ingwer), grob gehackt
- *Okonomiyaki*-Soße
- japanische Mayonnaise, z. B. Kewpie®
- 1 EL *Aonori* (Algenflocken)

FÜR DEN TEIG

—

- 140 g Mehl
- ½ TL Backpulver
- Salz
- 2 Eier
- 5 g *Dashi*-Granulat, in 400 ml Wasser aufgelöst
- 1 EL helle Sojasoße

ZUBEHÖR

—

- *Takoyaki*-Form
- 2 kleine Spieße

1. Für den Teig das Mehl in eine Schüssel geben. Backpulver und etwas Salz zufügen und mischen. Eier, *Dashi* und Sojasoße hinzufügen und alles zu einem glatten Teig verrühren. In eine Schüssel mit Ausguss füllen.
2. Die *Takoyaki*-Form bei mittlerer Hitze auf den Herd stellen und großzügig einölen. Einen Tropfen Teig hineingeben, um die Temperatur zu prüfen. Die Formen mit dem Teig füllen, die Tintenfischstücke darauflegen und mit *Katsuobushi*-Flocken, Frühlingszwiebel und *Beni shoga* bestreuen. 30 Sekunden backen, bis der Teig fest geworden ist und leicht bräunt, dann die Halbkugeln mit zwei kleinen Spießen um 90 Grad drehen. Die Löcher mit Teig füllen. Es macht nichts, wenn er an den Seiten überläuft, weil man ihn einfach auf die Klößchen klappen kann. 30 Sekunden warten, dann die Kugeln wieder um 90 Grad drehen und nochmals die Freiräume mit Teig füllen. Weitere 30 Sekunden backen, dabei regelmäßig wenden, damit die Klößchen schön braun werden.
3. Die *Takoyaki* aus der Form nehmen und auf einen Teller legen. Mit *Okonomiyaki*-Soße und Mayonnaise garnieren, mit *Aonori* und zuletzt mit den feinen *Katsuobushi*-Flocken bestreuen.

TIPP

Wer keine *Takoyaki*-Form hat, kann auch eine Cake-Pop-Form verwenden, aus der sich die Teigbällchen gut herausnehmen lassen.

OKONOMIYAKI

✦ FÜR 4 PERSONEN ✦

VORBEREITUNG: 20 MIN. | GARZEIT: 14 MIN. PRO STÜCK

- 240 g Weizenmehl
- 60 g Kartoffelstärke
- 1 Päckchen Backpulver
- 2 Eier
- 5 g *Dashi*-Granulat + 350 ml Wasser
- ½ Weißkohl, in feine Streifen gehobelt
- 2 EL *Beni shoga* (eingelegter Ingwer)
- etwas Öl für die Pfanne
- 24 Scheiben Schweinebauch, ungeräuchert
- *Okonomiyaki*-Soße
- japanische Mayonnaise, z. B. Kewpie®
- *Aonori* (Algenflocken)
- *Katsuobushi* (Thunfischflocken)

1. Mehl, Kartoffelstärke und Backpulver in einer Schüssel mischen. Eier, *Dashi*-Granulat und Wasser unterrühren. Beiseitestellen.
2. Kohl und *Beni shoga* zum Teig geben. Gleichmäßig verrühren.
3. Eine Pfanne (Ø 22 cm) mit etwas Öl bei sehr geringer Hitze erhitzen. ¼ des Teigs hineingeben. Mit 6 Scheiben Schweinebauch belegen und 7 Minuten backen. Mit einem Spatel wenden, abdecken und weitere 7 Minuten backen.
4. Den Fladen auf einen Teller legen, mit *Okonomiyaki*-Soße und Mayonnaise garnieren und mit *Aonori* und *Katsuobushi* bestreuen.

MITARASHI DANGO

✳ FÜR 8 PERSONEN ✳

VORBEREITUNG: 15 MIN. | GARZEIT: 8 MIN.

- 280 g Klebreismehl (*Dangoko*)
- 30 g feiner Zucker
- 3 g Salz
- 220 ml kochendes Wasser
- 1 EL geschmacksneutrales Öl

FÜR DIE SOSSE

- 200 ml Wasser
- 2 EL helle Sojasoße
- 2 EL *Mirin* (süßer Reiswein)
- 1 EL Zucker
- 1 gestrichener EL Kartoffelstärke

ZUBEHÖR

- 8 Holzspieße

1. Für die Soße Wasser, Sojasoße, Mirin, Zucker und Kartoffelstärke in einem Topf verrühren und bei schwacher Hitze erwärmen, bis die Mischung eindickt. Beiseitestellen.
2. Klebreismehl, Zucker und Salz in einer Schüssel mischen. Das kochende Wasser in kleinen Mengen hinzufügen und alles zu einem glatten, homogenen Teig verarbeiten. Wenn der Teig zu klebrig ist, etwas mehr Klebreismehl unterarbeiten.
3. Aus dem Teig 24 Klößchen formen und in kochendes Wasser legen. Wenn sie an die Oberfläche steigen, 30 Sekunden warten, dann die Klöße herausnehmen und in kaltes Wasser geben. Jeweils 3 Klöße auf einen Spieß stecken.
4. Das Öl in einer Pfanne auf mittlerer Stufe erhitzen und gut verteilen. Die *Dango* auf jeder Seite 1 Minute braten. Herausnehmen und mit der Soße übergießen.

TIPP

Traditionell werden diese Spieße auf Holzkohle gegrillt. Du kannst sie auch mit einem Flambierbrenner bräunen. Wer möchte, kann auch dunkle Sojasoße verwenden.

Mitarashi Dango

Yakitori

YAKITORI

✳ FÜR 12 YAKITORI ✳

VORBEREITUNG: 10 MIN. | GARZEIT: 16 MIN.

- 4 Hähnchenbrustfilets, gewürfelt

FÜR DIE YAKITORI-SOSSE

- 6 EL *Sake* (alkoholisches Reisgetränk) zum Kochen
- 8 EL *Mirin* (süßer Reiswein)
- 8 EL helle Sojasoße
- 4 EL Zucker
- 2 Scheiben Ingwer, 2 mm dick
- 1 Knoblauchzehe, zerdrückt
- geschmacksneutrales Öl

ZUBEHÖR

- 12 Holzspieße

1. Auf jeden Spieß 3–4 Stücke Hähnchenfleisch stecken.
2. Für die Soße *Sake* und *Mirin* erhitzen, 10 Sekunden kochen lassen, dann Sojasoße, Zucker, Ingwer und Knoblauch hinzufügen. Nochmals aufkochen, dann die Hitze auf ein Minimum senken und die Mischung um ein Drittel reduzieren lassen (in 8 Minuten). In eine Schüssel umfüllen.
3. Die Spieße in einer Pfanne mit wenig Öl bei mittlerer Hitze 8 Minuten braten, dabei regelmäßig wenden. Nach dem Garen das Hähnchen mit der *Yakitori*-Soße bestreichen.

TIPP

Du kannst diese Spieße auch auf dem Grill zubereiten. In diesem Fall die Holzspieße 30 Minuten vor dem Aufspießen in Wasser einweichen, damit sie nicht verbrennen.

ONIGIRAZU
MIT THUNFISCH

✳ FÜR 4 ONIGIRAZU ✳

VORBEREITUNG: 20 MIN. | WARTEZEIT: 10 MIN.

- 180 g Thunfisch (Konserve, Abtropfgewicht)
- ½ rote Zwiebel, gehackt
- Pfeffer
- 1 EL *Mirin* (süßer Reiswein)
- 4 EL japanische Mayonnaise, z. B. Kewpie®
- 4 Nori-Blätter (18 × 21 cm)
- 480 g gegarter weißer Reis (japanischer oder Thai-Reis)
- 8 Salatblätter, in 10 × 10 cm große Stücke geschnitten

1. Den Thunfisch abtropfen lassen und in eine Schüssel geben. Rote Zwiebel, Pfeffer, *Mirin* und Mayonnaise dazugeben und alles gut verrühren.
2. Ein Stück Frischhaltefolie auf der Arbeitsfläche ausbreiten. Darauf schräg ein Nori-Blatt mit der rauen Seite nach oben legen. Auf dem Nori-Blatt eine 10 × 10 cm große, 1 cm dicke Schicht Reis verteilen. Darauf ein zugeschnittenes Salatblatt, etwas Thunfischmischung und ein weiteres Salatblatt legen. Mit einer weiteren Reisschicht bedecken. Die 4 Ecken des Nori-Blatts zur Mitte hin umklappen, um die Füllung einzuschließen. In Frischhaltefolie wickeln und vor dem Verzehr 10 Minuten ruhen lassen.

KATSU SANDO

✳ FÜR 4 KATSU SANDO ✳

VORBEREITUNG: 30 MIN. | GARZEIT: 6 MIN. | WARTEZEIT: 5 MIN.

- 2 Eier
- 8 EL Panko
- 4 Koteletts vom Schwein
- Pfeffer, Salz
- 4 EL Mehl
- Öl zum Frittieren
- 8 dicke Scheiben Weißbrot
- Butter
- Senf
- ½ Eisbergsalat, in feine Streifen geschnitten

FÜR DIE TONKATSU-SOSSE

—

- 4 EL Worcestershiresoße
- 4 EL Ketchup
- 2 EL Austernsoße
- 2 EL Apfelmus

1. Die Eier in einer Schüssel verquirlen, das Paniermehl (Panko) auf einen Teller geben und das Mehl auf einen zweiten Teller.
2. Die Knochen aus den Schweinekoteletts entfernen. Die Fleischränder ringsherum 1 cm tief einschneiden, dann mit der Messerklinge auf die gesamte Oberfläche der Koteletts klopfen, damit sie zart werden. Von beiden Seiten salzen und pfeffern.
3. Die Koteletts mit Mehl bestäuben, in die verquirlten Eier tauchen und mit Panko panieren.
4. Für die Tonkatsu-Soße Worcestershiresoße, Ketchup, Austernsoße und Apfelmus in eine Schüssel geben. Gut verrühren und beiseitestellen.
5. Öl zum Frittieren auf etwa 160 °C erhitzen. Das Fleisch hineinlegen und auf jeder Seite 3 Minuten frittieren. Auf Küchenpapier legen und 5 Minuten ruhen lassen.
6. Das Brot toasten. Für jedes Sandwich eine Scheibe mit Butter und Senf (Menge nach Geschmack) und Tonkatsu-Soße bestreichen. Mit Salatstreifen und einem panierten Schweinekotelett belegen, darauf eine weitere Schicht Tonkatsu-Soße und Salat geben und alles mit einer weiteren Brotscheibe bedecken. Das Sandwich leicht zusammendrücken und in 2 Hälften schneiden.

日経新聞(9/9)・読売新聞(9/24)ほか

TAIYAKI

✴ FÜR 12 TAIYAKI ✴

VORBEREITUNG: 15 MIN. | GARZEIT: 4 MIN. | WARTEZEIT: 1 STD.

- 300 g Weizenmehl
- 1 Päckchen Backpulver
- 40 g feiner Zucker
- 1 Prise Salz
- 2 Eier
- 360 ml Milch
- 2 Dosen (à 190 g) gezuckerte Adzukibohnen

ZUBEHÖR

—

- *Taiyaki*-Waffeleisen

1. Für den Teig Mehl und Backpulver in eine Schüssel sieben. Zucker und Salz dazugeben und gut untermischen. Eier und Milch in kleinen Mengen zugeben und sorgfältig mit einem Schneebesen unterrühren, bis ein glatter Teig entsteht. Mit Frischhaltefolie abdecken und 1 Stunde im Kühlschrank ruhen lassen.
2. Für die *Anko*-Paste die Adzukibohnen mit einem Kartoffelstampfer zerdrücken und in einem Topf bei schwacher Hitze erwärmen, bis die Masse etwas trockener wird. Abkühlen lassen.
3. Das *Taiyaki*-Eisen auf niedriger Stufe von jeder Seite 1 Minute erhitzen. Die Innenseiten der Formen leicht einölen, dann 2 EL Teig in jede Form geben und gleichmäßig verteilen. In die Mitte je 1 EL *Anko*-Paste geben und mit 2 EL Teig bedecken. Das *Taiyaki*-Eisen zuklappen, umdrehen und 2 Minuten backen. Erneut umdrehen und 1 Minute backen. Die *Taiyaki* vorsichtig mit einem Messer aus den Formen lösen und mit einer Küchenschere durchschneiden.

TIPP

Du kannst als Füllung auch Nuss-Nougat-Creme, Konfitüre oder dünne Schokoladentäfelchen verwenden.

CHINA

ROU JIA MO

✳ FÜR 8 ROU JIA MO ✳

VORBEREITUNG: 1 STD. | GARZEIT: 1 STD. 45 MIN. | WARTEZEIT: 1 STD.

FÜR DEN TEIG

—

- 350 g Weizenmehl
- 30 g feiner Zucker
- 2 g Salz
- 5 g Hefe
- 200 ml Wasser
- 1 EL geschmacksneutrales Öl

FÜR DIE GEWÜRZMISCHUNG

—

- 3 Sternanis
- 3 Gewürznelken
- 1 schwarze Kardamomkapsel
- 1 TL Szechuanpfeffer
- 1 TL Fenchelsamen

FÜR DIE FÜLLUNG

—

- 1 EL Öl
- 40 g feiner Zucker
- 1,25 l Wasser
- 800 g Schweinebauch, in mundgerechte Würfel geschnitten (mit oder ohne Schwarte)
- 2 EL Shaoxing-Wein
- 5 EL helle Sojasoße
- 3 EL dunkle Sojasoße
- 1 Frühlingszwiebel, weißer Teil in 3 Stücke geschnitten, grüner Teil in Ringe (zum Servieren)
- 7-cm-Stück Ingwer, in 4 Scheiben geschnitten
- 2 Lorbeerblätter
- 1 getrocknete Chilischote
- 1 Zimtstange

ZUM SERVIEREN

—

- 12 Stängel Koriander, grob gehackt

TIPP

Wer möchte, kann dem gehackten Fleisch noch eine große grüne Chilischote oder eine in Würfel geschnittene Paprikaschote hinzufügen.

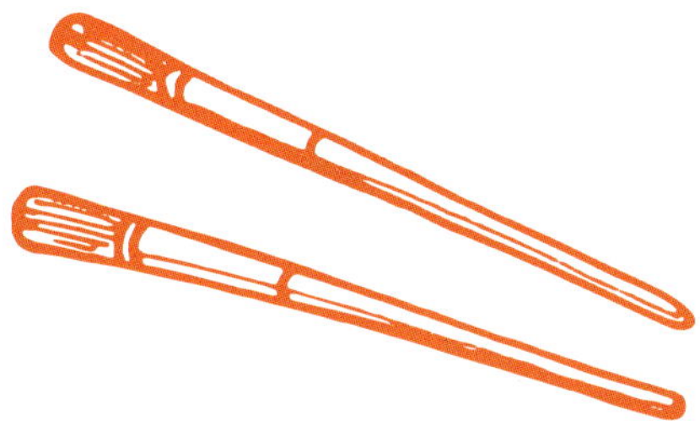

1. Für den Teig Mehl, Zucker, Salz und Hefe in einer Schüssel mischen. Das Wasser zugeben und 2 Minuten kneten. Das Öl zugeben und weitere 5 Minuten kneten. Zu einer Kugel formen, abdecken und 1 Stunde gehen lassen (der Teig sollte sein Volumen verdoppeln).
2. Die Gewürze für die Mischung in einen Teebeutel geben und gut verschnüren.
3. Für die Füllung 1 EL Öl in einen Schmortopf geben. Den Zucker zufügen und bei mittlerer Hitze karamellisieren lassen. Wasser, Fleisch, Shaoxing-Wein, Sojasoßen, Frühlingszwiebelstücke, Ingwerscheiben, Lorbeerblätter, getrocknete Chilischote, Zimtstange und den Gewürzbeutel zugeben. Zum Kochen bringen und den Schaum abschöpfen. Die Hitze auf ein Minimum reduzieren, den Topf abdecken und 1,5 Stunden köcheln lassen.
4. Den gegangenen Teig 1 Minute kneten, um ihn zu entgasen, dann in 8 Stücke teilen. Die Teigstücke zu Kugeln formen. Jede Kugel zu einer Scheibe mit 12 cm Durchmesser und einer Dicke von 4 mm ausrollen. In einer leicht geölten Pfanne bei sehr geringer Hitze und geschlossenem Deckel von jeder Seite 3 Minuten braten. Herausnehmen und in einem Tuch warm halten.
5. Das gegarte Fleisch auf ein Brett legen, mit einem Messer grob hacken und in eine Schüssel geben. Etwas Bratensaft, die Frühlingszwiebelringe und den Koriander dazugeben und alles gut vermengen.
6. Jedes Brot zu ¾ aufschneiden, sodass eine Tasche entsteht. Mit 2–3 EL Fleisch füllen und mit 1–2 EL Bratensaft beträufeln.

Rou Jia Mo

gedämpfte Baozi

GEDÄMPFTE BAOZI

✳ FÜR 20 BAOZI ✳

VORBEREITUNG: 45 MIN. | GARZEIT: 12 MIN. | WARTEZEIT: 1 STD.

FÜR DEN TEIG

—

- 350 g Mehl
- 1 TL Hefe
- 200 ml Wasser

FÜR DIE FÜLLUNG

—

- 350 g Schweinehackfleisch
- 1 Frühlingszwiebel, gehackt
- ½ EL geriebener Ingwer
- 3 EL helle Sojasoße
- 2 EL Sesamöl
- Pfeffer
- 50 ml Wasser

FÜR DIE SOSSE

—

- 4 EL helle Sojasoße
- 1 EL Sesamöl
- 1 TL Chiliöl
- 1 Knoblauchzehe, gehackt
- 1 TL weißer Sesam, geröstet

1. Für den Teig Mehl und Hefe in eine Schüssel geben. Das Wasser hinzufügen und alles zu einem glatten Teig verarbeiten. Zu einer Kugel formen, abdecken und 1 Stunde ruhen lassen.
2. Für die Füllung das Schweinefleisch in eine Schüssel geben, Frühlingszwiebel, Ingwer, Sojasoße, Öl, Pfeffer und Wasser hinzufügen und alles 5 Minuten lang gut verrühren. Beiseitestellen.
3. Für die Soße helle Sojasoße, Sesamöl, Chiliöl, Knoblauch und Sesam in einer Schüssel verrühren. Beiseitestellen.
4. Den Teig 1 Minute kneten, um ihn zu entgasen. In 20 gleich große Portionen teilen. Jede Portion zu einer Kugel formen und diese dann zu Scheiben mit einem Durchmesser von 8 cm und einer Dicke von 2 mm ausrollen.
5. In die Mitte jeder Teigscheibe 1 TL Füllung geben. Den Teig hochziehen, sodass er Falten wirft die Füllung ganz umhüllt. Die Spitzen fest zusammendrücken, um sie zu versiegeln.
6. Die *Baozi* in einen Dämpfkorb setzen und 12 Minuten über kochendem Wasser garen.

FRITTIERTE TEIGTASCHEN

✳ FÜR 30 TEIGTASCHEN ✳

VORBEREITUNG: 1 STD. | GARZEIT: 5–6 MIN. PRO PORTION | WARTEZEIT: 15 MIN.

- 350 g Schweinehackfleisch
- 2 Frühlingszwiebeln, gehackt
- 2 EL helle Sojasoße
- 1 EL Austernsoße
- 1 EL Sesamöl
- 1-cm-Stück Ingwer
- Pfeffer
- 30 Wan-Tan-Teigblätter
- Öl zum Frittieren

1. Das Schweinehackfleisch in eine Schüssel geben. Frühlingszwiebel, helle Sojasoße, Austernsoße, Sesamöl, geriebenen Ingwer und Pfeffer hinzufügen. Alles 3–5 Minuten verkneten, dann 15 Minuten in den Kühlschrank stellen.
2. Ein Teigblatt schräg auf die Arbeitsfläche legen. 1 gehäuften TL Füllung in die Mitte setzen. Die untere Spitze auf die obere Spitze legen, sodass ein Dreieck entsteht. Die beiden seitlichen Spitzen zur oberen Spitze führen. Zum Verschließen fest zusammendrücken.
3. Das Frittieröl auf 160 °C erhitzen. Die Teigtaschen darin in mehreren Portionen 5–6 Minuten frittieren, dabei gelegentlich wenden, damit sie gleichmäßig gebräunt werden. Mit einem Schaumlöffel herausnehmen und auf Küchenpapier abtropfen lassen.

TIPP

Du kannst zu den Teigtaschen eine Cocktailsoße, Sojasoße mit einem Hauch Chili oder auch eine süße Chilisoße servieren.

恶一念间
Anecdotes 旧奇闻

PFANNKUCHEN
MIT FRÜHLINGSZWIEBELN

✳ FÜR 4 PFANNKUCHEN ✳

VORBEREITUNG: 30 MIN. | GARZEIT: 6 MIN. PRO STÜCK | WARTEZEIT: 30 MIN.

FÜR DEN TEIG

- 500 g Mehl
- 350 ml Wasser

FÜR DIE SOSSE

- 4 EL helle Sojasoße
- 1 EL chinesischer schwarzer Essig
- 1 kleiner TL Zucker
- 1 EL Sesamöl
- 1-cm-Stück Ingwer, gehackt
- ½ EL Frühlingszwiebel, gehackt

FÜR DIE FÜLLUNG

- 4 EL Sesamöl
- Salz, Pfeffer
- 4–6 Frühlingszwiebeln, gehackt
- 12 EL geschmacksneutrales Öl

1. Für den Teig das Mehl mit dem Wasser mischen und 8 Minuten kneten. Zu einer Kugel formen, abdecken und 30 Minuten ruhen lassen.
2. Für die Soße Sojasoße, Essig, Zucker, Sesamöl, Ingwer und Frühlingszwiebel verrühren. Beiseitestellen.
3. Nach der Ruhezeit den Teig erneut 2 Minuten lang kneten, dann in 4 gleich große Stücke teilen. Jedes Stück zu einem 2 mm dicken Fladen ausrollen. Die gesamte Oberfläche des Fladens mit 1 EL Sesamöl bestreichen. Salzen, pfeffern und mit ¼ der Frühlingszwiebeln bestreuen. Den Teig zu einem viereckigen Päckchen zusammenfalten und mit der Naht nach unten drehen. Erneut zu einem 4 mm dicken Fladen ausrollen.
4. Je 3 EL Öl in einer Pfanne erhitzen und den Fladen bei mittlerer Hitze 6 Minuten goldbraun braten, dabei regelmäßig wenden.

NUDELN
DAN BAOJI

✱ FÜR 4 PERSONEN ✱

VORBEREITUNG: 30 MIN. | GARZEIT: 25 MIN.

- 7 EL helle Sojasoße
- 3 EL Wasser
- 1 EL schwarzer Essig
- 2 EL Chiliöl
- 3 Knoblauchzehen, gehackt
- 2 EL Sesampaste
- Szechuanpfeffer aus der Mühle
- 2 Frühlingszwiebeln, in Ringe geschnitten
- 2 EL geschmacksneutrales Öl
- 3-cm-Stück Ingwer, gehackt
- 350 g Schweinehackfleisch
- 1 EL dunkle Sojasoße
- 50 g *Zha Cai* (Senfwurzel), gehackt, oder 1 EL *Suimiyacai*
- 400 g getrocknete *Sōmen*-Nudeln

1. Für die Soße 5 EL helle Sojasoße, Wasser, schwarzen Essig, Chiliöl, ½ TL Knoblauch, Sesampaste, 2 Umdrehungen Szechuanpfeffer und einige Frühlingszwiebelringe in eine Schüssel geben. Alles gut verrühren und beiseitestellen.
2. 2 EL ÖL in einer Pfanne erhitzen. Bei mittlerer bis starker Hitze den restlichen Knoblauch und den Ingwer 30 Sekunden anbraten. Das Schweinehackfleisch zugeben und 10 Minuten braten. Die restlichen 2 EL helle Sojasoße und die dunkle Sojasoße zugeben, außerdem die *Zha-Cai*-Würfel und die Hälfte der Frühlingszwiebelringe hinzufügen. 30 Sekunden verrühren, dann beiseitestellen.
3. Wasser zum Kochen bringen und die Nudeln garen (Anweisungen auf der Packung befolgen). Abgießen und kurz mit kaltem Wasser abspülen.
4. Soße, Nudeln und Fleisch in 4 Servierschalen verteilen und mit den restlichen Frühlingszwiebeln bestreuen.

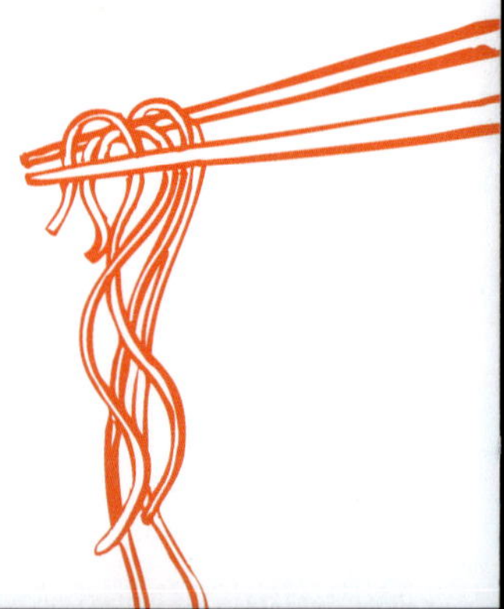

WAN-TAN-SUPPE

✶ FÜR 4 PERSONEN ✶

VORBEREITUNG: 20 MIN. | GARZEIT: 6 MIN.

- 4 Scheiben Ingwer, je 1 mm dick
- 1½ l Hühnerbrühe
- 340 g rohe Garnelen
- 2 Frühlingszwiebeln, in dünne Ringe geschnitten
- 1 Knoblauchzehe, gehackt
- Pfeffer
- 2 EL helle Sojasoße
- 1 EL Sesamöl + etwas mehr zum Beträufeln
- 2 TL Speisestärke
- 24 Wan-Tan-Teigblätter

1. Die Ingwerscheiben in die Hühnerbrühe legen und ziehen lassen, bis die übrigen Zutaten vorbereitet sind.
2. Die Garnelen schälen, entdarmen und hacken. Frühlingszwiebel (2 EL beiseitestellen) und Knoblauch in eine Schüssel geben. Den Ingwer aus der Brühe nehmen, hacken und hinzufügen. Pfeffer, helle Sojasoße und Sesamöl sowie die Speisestärke zugeben und alles 4 Minuten verrühren.
3. 1 TL Füllung jeweils auf die Mitte eines Teigblatts geben. Zwei Kanten befeuchten, das Blatt zu einem Dreieck falten, dann den Teig über der Füllung in Falten legen. Die Ränder fest zusammendrücken, um sie zu versiegeln.
4. Wasser in einem Topf zum Kochen bringen. Die Teigtaschen darin 6 Minuten garen, dann in Schalen verteilen. Leicht pfeffern und mit etwas Sesamöl beträufeln. Mit Brühe übergießen und mit den restlichen Frühlingszwiebelringen garnieren.

YOUTIAO

✱ FÜR 8 YOUTIAO ✱

VORBEREITUNG: 20 MIN. | GARZEIT: 7 MIN. | WARTEZEIT: 1 NACHT

- 330 g Weizenmehl
- 1 TL Salz
- 10 g Backpulver
- 3 g Natron
- 2 EL Öl
- 200 ml Wasser
- Öl zum Frittieren

ZUBEHÖR

- 1 Bambus-Essstäbchen

1. Am Vortag Mehl, Salz, Backpulver und Natron in einer Schüssel mischen. Öl und Wasser dazugeben. 5 Minuten kneten, zu einer Kugel formen, mit Frischhaltefolie abdecken und 30 Minuten ruhen lassen.
2. Nach der 30-minütigen Ruhezeit den Teig 2 Minuten kneten, zu einer Kugel formen und gut abdecken, damit er nicht austrocknet; du kannst ihn auch leicht einölen. Über Nacht im Kühlschrank ruhen lassen. Am nächsten Tag 2 Stunden vor der weiteren Zubereitung herausnehmen.
3. Den Teig zu einem Strang formen und halbieren. Die Hälften zu 3 mm dicken und 10 cm breiten Rechtecken ausrollen und in 16 Streifen schneiden.
4. Das Frittieröl auf 170 °C erhitzen. 2 Streifen aufeinanderlegen und mit einem eingeölten Stäbchen in der Mitte der Länge nach zusammendrücken, sodass eine Furche entsteht. Die Streifen auf eine Länge von 15 cm ziehen. Im heißen Öl frittieren. Wenden, wenn sie an die Oberfläche steigen, damit sie gleichmäßig garen. Herausnehmen, wenn sie goldbraun sind.

代表选举
本栏目主持人：陈

VIETNAM

BÁNH MÌ

✶ FÜR 4 BÁNH MÌ ✶

VORBEREITUNG: 30 MIN. | GARZEIT: 10 MIN. | WARTEZEIT: 1 STD.

FÜR DIE MAYONNAISE

- 1 Eigelb
- 1 TL Senf
- Salz, Pfeffer
- 150 ml geschmacksneutrales Öl

FÜR DAS EINGELEGTE GEMÜSE

- 2 Karotten, in Stifte geschnitten
- 1 kleine Mairübe, in Stifte geschnitten
- 1 EL Zucker
- 1 TL Salz
- 2 EL weißer Essig

FÜR DIE GEFLÜGELLEBERPASTETE

- 30 g Butter
- 2 Schalotten, grob gehackt
- 2 Knoblauchzehen, grob gehackt
- 1 Scheibe Ingwer, 2 mm dick
- 200 g Geflügelleber, küchenfertig, gewürfelt
- 1 Prise Pfeffer
- 1½ EL helle Sojasoße
- ½ TL Zucker
- 2 EL Sahne

ZUM SERVIEREN

- 25 Gurkenscheiben
- 20 Stiele Koriander
- 2 frische Chilischoten, in Ringe geschnitten (nach Belieben)
- Maggi®-Würze

ZUBEHÖR

- Mixer oder Küchenmaschine

1. Für die Mayonnaise Eigelb, Senf, Salz und Pfeffer in eine Schüssel geben. Mit einem Schneebesen verrühren, dann langsam unter ständigem Rühren das Öl hinzufügen.
2. Für das Gemüse Karotten- und Rübenstreifen in eine Schüssel geben. Zucker, Salz und weißen Essig hinzufügen, gut umrühren und beiseitestellen.
3. Für die Leberpastete die Butter in einer Pfanne bei mittlerer Hitze zerlassen. Schalotten, Knoblauch und Ingwer 1 Minute anbraten. Die Geflügelleber zugeben und alles 8 Minuten garen (nicht bräunen). Alles in einen Mixer geben. Pfeffer, Sojasoße, Zucker und Sahne hinzufügen und mixen, bis eine glatte, homogene Mischung entsteht. In eine Schüssel umfüllen und erkalten lassen. 1 Stunde vor der Verwendung in den Kühlschrank stellen.

BÁNH MÌ
MIT GIO

✦ FÜR 4 BÁNH MÌ ✦

VORBEREITUNG: 30 MIN. | GARZEIT: 10 MIN. | WARTEZEIT: 1 STD.

Grundzutaten
siehe Zutaten auf S. 70

—

- 400 g *Gio so mot* (vietnamesische Schweinefleischpastete)
- 2 Baguettes

1. Zuerst die Grundzutaten vorbereiten (siehe S. 70).
2. Die Schweinefleischpastete in 3 mm dicke Scheiben schneiden.
3. Pro Person ein halbes Baguette längs halbieren. Eine Seite mit Mayonnaise und Leberpastete (nach Belieben), bestreichen. Mit 5 Gurkenscheiben, aufgeschnittener Schweinefleischpastete, eingelegtem Gemüse, Chiliringen und Korianderblättern belegen. Alles mit einigen Tropfen Maggi® beträufeln.

Arome

BÁNH MÌ
MIT RINDFLEISCH UND ZITRONENGRAS

✶ FÜR 4 BÁNH MÌ ✶

VORBEREITUNG: 1 STD. | GARZEIT: 12 MIN. | WARTEZEIT: 1 STD.

Grundzutaten
siehe Zutaten auf S. 70

—

- 2 Stängel Zitronengras
- 400 g Rinderhack
- 2 Knoblauchzehen, gehackt
- 3 EL Fischsoße
- 1 EL dunkle Sojasoße
- 1 EL Zucker
- 2 EL geschmacksneutrales Öl
- 1 Zwiebel, gewürfelt
- 2 Baguettes

1. Zuerst die Grundzutaten vorbereiten (siehe S. 70).
2. Die beiden äußeren Blätter vom Zitronengras ablösen, in dünne Ringe schneiden, dann grob hacken. Rindfleisch, Knoblauch und Zitronengras in eine Schüssel geben. Fischsoße, Sojasoße und Zucker hinzufügen, vermischen und 30 Minuten an einem kühlen Ort marinieren.
3. Das Öl in einer Pfanne auf hoher Stufe erhitzen. Die Zwiebelwürfel 30 Sekunden braten, dann die Rindfleischmischung zugeben. Je nach gewünschtem Gargrad 1 Minute oder weniger braten.
4. Pro Person ein halbes Baguette längs halbieren. Eine Seite mit Mayonnaise und Leberpastete (nach Belieben), bestreichen. Mit 5 Gurkenscheiben, gebratenem Rindfleisch, eingelegtem Gemüse, Chiliringen und Korianderblättern belegen. Alles mit einigen Tropfen Maggi® beträufeln.

TIPP

Du kannst das Rindfleisch auch durch Hähnchenfleisch ersetzen. In diesem Fall sollte es durchgegart werden.

BÁNH MÌ
MIT GEGRILLTEM SCHWEINEFLEISCH

✳ FÜR 4 BÁNH MÌ ✳

VORBEREITUNG: 1 STD. | GARZEIT: 40 MIN. | WARTEZEIT: 1 STD.

Grundzutaten
siehe Zutaten auf S. 70

—

- 1 EL Knoblauchpulver
- 2 EL Zucker
- 1 EL *Hoisin*-Soße
- 1 EL Austernsoße
- 1 EL Shaoxing-Wein
- 1 TL Fünf-Gewürze-Pulver
- 1 TL weißer Pfeffer
- 4 EL helle Sojasoße
- 1 TL rote Lebensmittelfarbe (nach Belieben)
- 450 g Schweinefilet
- 2 Baguettes

1. Zuerst die Grundzutaten vorbereiten (siehe S. 70).
2. Knoblauch, Zucker, *Hoisin*-Soße, Austernsoße, Shaoxing-Wein, Fünf-Gewürze-Pulver, Pfeffer, Sojasoße und Lebensmittelfarbe (nach Belieben) in einer Schüssel mischen. Das Fleisch hinzufügen und 30 Minuten marinieren lassen.
3. Den Backofen auf 180 °C Ober-/Unterhitze vorheizen. Das Fleisch auf einen Rost legen und 40 Minuten garen. Währenddessen regelmäßig mit der restlichen Marinade bestreichen.
4. Das Fleisch abkühlen lassen und in 3 mm dicke Scheiben schneiden.
5. Pro Person ein halbes Baguette längs halbieren. Eine Seite mit Mayonnaise und Leberpastete (nach Belieben), bestreichen. Mit 5 Gurkenscheiben, gegrilltem Schweinefleisch, eingelegtem Gemüse, Chiliringen und Korianderblättern belegen. Alles mit einigen Tropfen Maggi® beträufeln.

Bánh mì mit gegrilltem Schweinefleisch

Bánh mì mit Omelett

BÁNH MÌ
MIT OMELETT

✶ FÜR 4 BÁNH MÌ ✶

VORBEREITUNG: 1 STD. | GARZEIT: 40 MIN. | WARTEZEIT: 1 STD.

Grundzutaten
siehe Zutaten auf S. 70

—

- 8 Eier
- Pfeffer
- 2 EL Fischsoße
- 1 Frühlingszwiebel, in dünne Ringe geschnitten
- 4 EL geschmacksneutrales Öl
- 2 Baguettes

1. Zuerst die Grundzutaten vorbereiten (siehe S. 70).
2. Die Eier in eine Schüssel schlagen. Pfeffer und Fischsoße hinzugeben und gut verrühren. Die Frühlingszwiebel zugeben.
3. 4 Omeletts zubereiten. Für jedes 1 EL Öl auf hoher Stufe in einer Pfanne erhitzen.
4. Pro Person ein halbes Baguette längs halbieren. Eine Seite mit Mayonnaise und Leberpastete (nach Belieben), bestreichen. Mit 5 Gurkenscheiben, Omelett, eingelegtem Gemüse, Chiliringen und Korianderblättern belegen. Alles mit einigen Tropfen Maggi® beträufeln.

VEGETARISCHES BÁNH MÌ
MIT TOFU

✶ FÜR 4 BÁNH MÌ ✶

VORBEREITUNG: 20 MIN. | GARZEIT: 10 MIN.

Grundzutaten
siehe Zutaten auf S. 70
—

- 2 EL geschmacksneutrales Öl
- 400 g fester Tofu, in 16 Scheiben geschnitten
- 3 EL helle Sojasoße
- 1 EL Zucker
- 2 Baguettes

1. Zuerst die Grundzutaten vorbereiten (siehe S. 70), jedoch ohne die Leberpastete.
2. Etwas Öl in einer Pfanne auf mittlerer Stufe erhitzen. Die Tofuscheiben darin braten. Sojasoße und Zucker in einer kleinen Schüssel verrühren und den Tofu gleichmäßig mit der Mischung überziehen.
3. Pro Person ein halbes Baguette längs halbieren. Eine Seite mit Mayonnaise bestreichen. Mit 5 Gurkenscheiben, gebratenem Tofu, eingelegtem Gemüse, Chiliringen und Korianderblättern belegen. Alles mit einigen Tropfen Maggi® beträufeln.

BÁNH TIEU

✶ FÜR 12 KRAPFEN ✶

VORBEREITUNG: 15 MIN. | GARZEIT: 5 MIN. | WARTEZEIT: 1 STD.

- 300 g Weizenmehl
- 1 Päckchen Hefe
- 1 TL Backpulver
- 80 g feiner Zucker
- 1 Prise Salz
- 200 ml Wasser
- 1 EL Öl
- 6 EL heller Sesam
- Öl zum Frittieren

1. Mehl, Hefe, Backpulver, Zucker und Salz in eine Schüssel geben und das Wasser unterrühren. Das Öl hinzufügen und alles zu einem glatten Teig verkneten. Zu einer Kugel formen, mit einem Küchentuch abdecken und 1 Stunde ruhen lassen, bis sich das Volumen des Teigs verdoppelt hat.
2. Nach der Ruhezeit den Teig 2 Minuten kneten, zu einer Rolle formen und in 12 gleich große Stücke teilen. Jedes Stück zu einer Kugel formen. In Sesamkörnern wälzen, flach drücken und zu einer Scheibe mit 8 cm Durchmesser ausrollen.
3. Das Frittieröl langsam auf 170 °C erhitzen. Die Teigscheiben hineinlegen. Wenn sie an die Oberfläche steigen, die Krapfen regelmäßig wenden, damit sie schön aufgehen und goldbraun werden. Auf Küchenpapier abtropfen lassen.

BÁNH CUON

✳ FÜR 20 BÁNH CUON ✳

VORBEREITUNG: 1 STD. | GARZEIT: 25 MIN.

FÜR DIE FÜLLUNG

—

- 2 EL geschmacksneutrales Öl
- 300 g Schweinehackfleisch
- 1 Zwiebel, gehackt
- 10 g schwarze Pilze (1 Std. vorher in Wasser eingeweicht), gehackt
- 1 Frühlingszwiebel, in Ringe geschnitten
- 1 EL Austernsoße
- 1 EL dunkle Sojasoße
- 1 EL Fischsoße
- 1 EL Zucker
- Pfeffer

FÜR DEN TEIG

—

- 200 g Tapiokastärke
- 200 g weißes Reismehl
- 1 l Wasser
- 2 EL Öl

1. Für den Teig in einer Schüssel Stärke, Mehl und Wasser verrühren. Das Öl hinzufügen. Beiseitestellen.
2. Für die Soße das Wasser zum Kochen bringen. Vom Herd nehmen, dann Fischsoße, Essig, Zucker, Knoblauch und Chilipaste hinzufügen. Gut verrühren und beiseitestellen.
3. Für die Garnierung das Öl in einer Pfanne erhitzen und die Schalotten bei schwacher Hitze 8 Minuten goldbraun braten, dabei regelmäßig umrühren, damit sie gleichmäßig braun werden. Auf Küchenpapier legen und beiseitestellen.
4. Für die Füllung das Öl auf mittlerer Stufe in einer Pfanne erhitzen. Das Schweinefleisch 8 Minuten braten, dann die Zwiebel hinzufügen. 1 Minute unter Rühren braten. Schwarze Pilze, Frühlingszwiebel, Austernsoße, Sojasoße, Fischsoße und Zucker hinzufügen. Mit Pfeffer abschmecken. 1 Minute unter Rühren braten, dann zur Seite stellen.

FÜR DIE SOSSE

—

- 250 ml Wasser
- 4 EL Fischsoße
- 1 EL weißer Essig
- 4 EL Zucker
- 1 Knoblauchzehe, gehackt
- 1 TL Chilipaste

FÜR DIE GARNIERUNG

—

- Öl zum Braten
- Schalotten, in Ringe geschnitten
- Koriander, gehackt
- Frühlingszwiebeln, in Ringe geschnitten

5. Ein Schneidebrett mit Alufolie auslegen und großzügig mit Öl einpinseln. Etwas Öl in einer Pfanne erhitzen, etwas Teig hineingießen abdecken und 30 Sekunden backen. Den Pfannkuchen auf das Brett legen. Etwas Füllung daraufgeben und zu einem Kreis von 7 cm Durchmesser verteilen. Die Seiten des Pfannkuchens zur Mitte klappen, dann aufrollen.
6. Mit den Schalotten, dem Koriander und den Frühlingszwiebeln bestreut servieren.

TIPP

Es ist nicht so wichtig, dass die Pfannkuchen rund und gleichmäßig werden, solange man die Füllung daraufgeben und gut einpacken kann. Zu diesem Gericht passen ein paar Scheiben *Gio so mot*.

BÁNH GOI

✳ FÜR 20 BÁNH GOI ✳

VORBEREITUNG: 1 STD. | GARZEIT: 5 MIN. | WARTEZEIT: 30 MIN.

FÜR DEN TEIG

- 300 g Weizenmehl
- 50 g weißes Reismehl
- 1 Prise Salz
- 2 Eier
- 90 ml Wasser
- 1 EL geschmacksneutrales Öl

FÜR DIE FÜLLUNG

- 8 g getrocknete schwarze Pilze (1 Std. vorher in Wasser eingeweicht), gehackt
- 4 getrocknete Shiitakepilze (2 Std. vorher in Wasser eingeweicht), gehackt
- 1 Karotte, in feine Würfel geschnitten
- 15 g Soja-Vermicelli (2 Std. vorher in Wasser eingeweicht), in 1 cm lange Stücke geschnitten
- ½ Zwiebel, gehackt
- 1 Frühlingszwiebel, in dünne Ringe geschnitten
- 250 g Schweinehackfleisch
- 2 EL Fischsoße
- 1 EL Zucker
- Pfeffer

FÜR DIE SOSSE

- 3 EL Fischsoße
- 1 EL Zucker
- 1 EL weißer Essig
- 6 EL Wasser
- 1 Knoblauchzehe, zerdrückt
- 1 Chilischote, in dünne Ringe geschnitten

FÜR DAS GEMÜSE

- 1 Karotte, längs halbiert, dann in dünne Scheiben geschnitten
- 5-cm-Stück Salatgurke, längs geviertelt, dann in dünne Scheiben geschnitten
- 1 EL Zucker
- 1 TL Salz
- 1 EL weißer Essig

1. Für den Teig beide Mehle und Salz in eine Schüssel geben. Eier, Wasser und Öl hinzufügen und alles 3–4 Minuten kneten. Zu einer Kugel formen, mit Frischhaltefolie abdecken und 30 Minuten ruhen lassen.
2. Für die Füllung Pilze, Karotte, Vermicelli, Zwiebel und Frühlingszwiebel in eine Schüssel geben. Das Schweinefleisch zugeben, mit Fischsoße, Zucker und Pfeffer würzen. Dann alles zu einer klebrigen Masse vermengen.
3. Für das Gemüse Karotte und Gurke in eine kleine Schüssel geben. Zucker, Salz und Essig hinzufügen, gut verrühren und beiseitestellen.
4. Für die Soße Fischsoße, Zucker, weißen Essig und Wasser in eine Schüssel geben und rühren, bis sich der Zucker auflöst. Knoblauch und Chilischote unterrühren. Beiseitestellen.
5. Den Teig auf einer leicht bemehlten Arbeitsfläche zu einem Strang von 3 cm Durchmesser formen und in 20 gleich große Stücke schneiden. Jedes Stück zu einer Kugel formen, dann zu einer Scheibe mit 9 cm Durchmesser ausrollen.
6. In die Mitte jeder Teigscheibe 1 EL Füllung geben, den Teig zu einem Halbmond zusammenklappen und den Rand um die Füllung herum fest zusammendrücken. Dann an einer Spitze den Rand festdrücken, sodass er sich dehnt, und eine Falte legen. Weitere Falten um den ganzen gerundeten Rand des Halbmonds einlegen.
7. Das Frittieröl auf 170 °C erhitzen, die Teigtaschen hineingeben und 5–7 Minuten backen, dabei regelmäßig wenden. Herausnehmen und auf Küchenpapier abtropfen lassen. Mit der Soße und dem eingelegten Gemüse servieren.

TIPP

Du kannst das Schweinefleisch durch Geflügelhackfleisch ersetzen.

Bánh goi

Bánh xéo

BÁNH XÉO

✶ FÜR 4 BÁNH XÉO ✶

VORBEREITUNG: 30 MIN. | GARZEIT: 10 MIN.

FÜR DEN TEIG

- 130 g Reismehl
- 35 g Weizenmehl
- 1 EL gemahlene Kurkuma
- 400 ml Kokosmilch
- 1 Frühlingszwiebel, in Ringe geschnitten

FÜR DIE FÜLLUNG

- 12 rohe Garnelen
- Salz, Pfeffer
- 250 g Schweinenacken
- 2 EL geschmacksneutrales Öl
- ½ Zwiebel, gehackt
- Sojabohnensprossen (1 Handvoll pro Portion)

ZUM SERVIEREN

- 1 Bataviasalat
- 20 Stängel Koriander
- 20 Stängel Minze
- ½ Gurke, in dünne Scheiben geschnitten

FÜR DIE SOSSE

- 250 ml Wasser
- 4 EL Fischsoße
- 1 EL weißer Essig
- 4 EL Zucker
- 1 Knoblauchzehe, gehackt
- 1 TL Chilipaste

1. Für den Teig beide Mehle in einer Schüssel mit der Kurkuma mischen. Die Kokosmilch zugeben und alles zu einem glatten Teig verarbeiten. Die Frühlingszwiebelringe unterheben. Abdecken und beiseitestellen.
2. Für die Soße das Wasser zum Kochen bringen, dann vom Herd nehmen. Fischsoße, Essig, Zucker, Knoblauch und Chilipaste zugeben, gut verrühren und beiseitestellen.
3. Eine Servierplatte mit Salatblättern, Koriander- und Minzeblättern sowie den Gurkenscheiben auslegen.
4. Für die Füllung die Garnelen schälen und entdarmen, dann der Länge nach halbieren, salzen und pfeffern. Das Schweinefleisch in dünne Streifen schneiden, salzen und pfeffern.
5. Jeweils ½ EL ÖL in einer beschichteten Pfanne auf mittlerer Stufe erhitzen. ¼ des Schweinefleischs 4 Minuten braten. Dann 6 halbe Garnelen und ¼ der gehackten Zwiebel hinzufügen und 1 Minute braten. Eine Kelle Teig zugeben, abdecken und 3 Minuten braten, bis er gebräunt ist. Eine Handvoll Sojasprossen auf eine Hälfte des Pfannkuchens geben, dann den Pfannkuchen zur Hälfte zusammenklappen. Abdecken und bei schwacher Hitze 1 Minute weiterbraten.
6. Zum Verzehr ein Stück Pfannkuchen abschneiden, etwas Salat, Koriander, Minze und Gurke darauflegen und einwickeln, dann in die Soße tunken.

TIPP

Du kannst das Schweinefleisch durch Hähnchenfleisch ersetzen.

BÁNH BÔ

✳ FÜR 12 BÁNH BÔ ✳

VORBEREITUNG: 10 MIN. | GARZEIT: 20 MIN. | WARTEZEIT: 1 STD.

- 110 g weißes Reismehl
- 30 g Tapiokastärke
- 60 g feiner Zucker
- 1 TL Hefe
- 2 g Salz
- 200 ml Kokosmilch
- 1 EL geschmacksneutrales Öl

ZUBEHÖR

—

- 12 hitzebeständige Förmchen, Ø 5,5 cm

1. Mehl, Stärke, Zucker, Hefe und Salz in einer Schüssel mischen. Die Kokosmilch zugeben und alles zu einem glatten Teig verrühren. Mit Frischhaltefolie abdecken und 1 Stunde ruhen lassen.
2. Die Förmchen leicht einölen. Bis 2 mm unter dem Rand mit Teig füllen. Die Förmchen in einen Dämpfkorb stellen und 20 Minuten über kochendem Wasser garen.
3. 5 Minuten abkühlen lassen, dann den Teig mit einem Teelöffel aus den Förmchen lösen.

TIPP

An Straßenständen findet man die *Bánh bô* oft in verschiedenen Farben. Verwende Lebensmittelfarben deiner Wahl.

COCONUT
400 mL

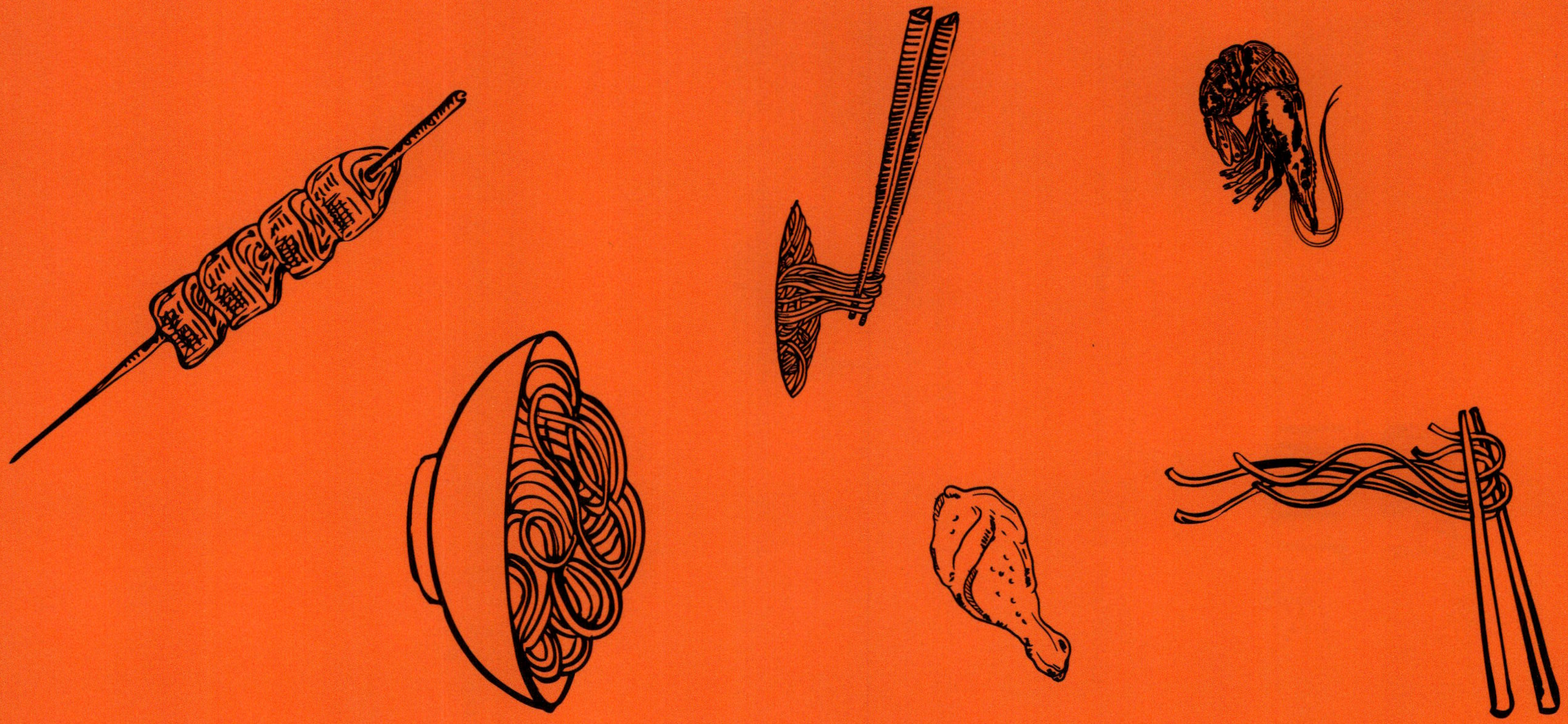

THAILAND UND LAOS

PAD THAÏ

✶ FÜR 4 PERSONEN ✶

VORBEREITUNG: 15 MIN. | GARZEIT: 15 MIN.

- 2 EL geschmacksneutrales Öl
- 200 g fester Tofu, in 1 cm große Stücke geschnitten
- 2 Knoblauchzehen, gehackt
- 2 Schalotten, gehackt
- 24 rohe Garnelen, geschält und entdarmt
- 300 g Reisnudeln (1 mm dick), 1 Std. vorher in kaltem Wasser eingeweicht
- 2 Eier
- 2 EL eingelegter Rettich, grob gehackt
- 20 Halme Schnittknoblauch, in 4 cm lange Stücke geschnitten
- 2 Handvoll Sojabohnensprossen
- 2 EL Erdnusskerne
- 2 EL Chilipulver (nach Belieben)
- 1 Limette, geviertelt

FÜR DIE SOSSE

- 2 EL Tamarindenmark
- 5 EL Fischsoße
- 2 EL Zucker
- 200 ml Wasser

1. Für die Soße Tamarindenmark, Fischsoße, Zucker und Wasser in einer Schüssel verrühren.
2. Das Öl in einer großen Pfanne auf mittlerer Stufe erhitzen. Den Tofu kurz anbraten. Knoblauch, Schalotten und Garnelen hinzugeben. 1 Minute braten, dann die Nudeln und die Soße hinzufügen. So lange unter Rühren braten, bis die Nudeln die gesamte Soße aufgenommen haben. Das Ganze auf eine Seite schieben und die Eier in den freien Teil der Pfanne schlagen. Die Eier verrühren, dann Rettich, Schnittknoblauch und Sojasprossen zugeben und vorsichtig mischen.
3. Vor dem Servieren jede Portion mit Erdnüssen und Chilipulver bestreuen. Mit Limettenvierteln anrichten.

TIPP

Die Soße kann man in gut sortierten asiatischen Lebensmittelgeschäften fertig kaufen.

PAPAYASALAT

✳ FÜR 4 PERSONEN ✳

VORBEREITUNG: 20 MIN.

- 2 Chilischoten (oder nach Geschmack)
- 2 Knoblauchzehen
- 2 EL Zucker
- 1 EL getrocknete Garnelen
- 2 EL Erdnusskerne
- 2 Spargelbohnen (oder 8 grüne Bohnen), in 5 cm lange Stücke geschnitten
- 1 grüne Papaya, ca. 400 g, geschält und in dünne Streifen geschnitten
- 10 Kirschtomaten, halbiert
- 5 EL Fischsoße
- 1 TL *Kapi* (Garnelenpaste)
- 1 EL Tamarindenmark
- Saft von ½ Limette

1. Chilis, Knoblauch und die Hälfte des Zuckers in einem Mörser fein zerstoßen. Erdnüsse grob zerkleinern und mit den getrocknete Garnelen und Bohnenstücke und der Zuckermischung vermengen.
2. Papaya, Tomaten, den restlichen Zucker, Fischsoße, Garnelenpaste, Tamarindenmark und Limettensaft hinzufügen und alles 5 Minuten gründlich vermengen. Abschmecken.

TIPP

Wenn du keinen Mörser hast, Chilischoten und Knoblauch mischen, dann die übrigen Zutaten zugeben und mit den Händen mischen und leicht kneten. Serviere dazu grüne Salatblätter, Reisnudeln *(Bun)*, Klebreis und gepuffte Schweineschwarte.

SPIESSE
MIT SCHWEINEFLEISCH

✶ FÜR 12 SPIESSE ✶

VORBEREITUNG: 10 MIN. | GARZEIT: 8 MIN. | WARTEZEIT: 30 MIN.

- 1 EL Zucker
- 1 TL gemahlener Pfeffer
- 1 EL Fischsoße
- 1 EL Austernsoße
- 2 EL helle Sojasoße
- 1 TL dunkle Sojasoße
- 2 EL Wasser
- 8 Stängel Koriander
- 3 Knoblauchzehen
- 600 g Schweinenacken
- etwas Öl zum Braten

FÜR DIE SOSSE

- 2 rote Chilischoten, fein gehackt
- 5 Stängel Koriander, fein gehackt
- 1 Knoblauchzehe, gehackt
- 5 EL Fischsoße
- 1 EL Zucker
- Saft von ½ Limette

ZUBEHÖR

- 12 Holzspieße
- Mixer oder Küchenmaschine

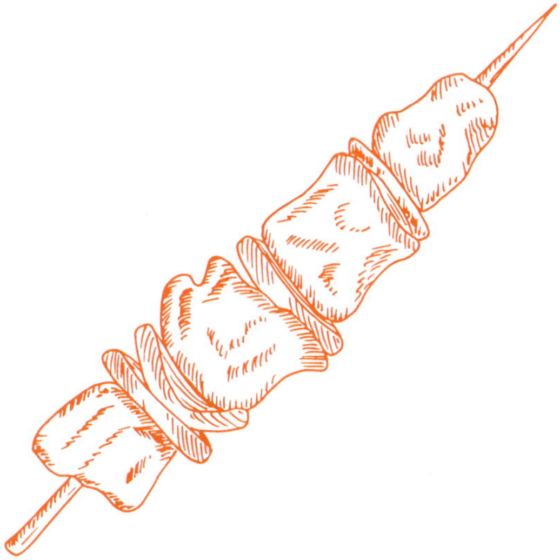

1. Zucker, Pfeffer, Fischsoße, Austernsoße, Sojasoßen, Wasser sowie Koriander und Knoblauch in einem Mixer glatt pürieren. In eine große Schüssel füllen und beiseitestellen.
2. Den Schweinenacken in 4 mm dicke Scheiben schneiden und in die Marinade legen. Gut vermischen und 30 Minuten kühl stellen.
3. Für die Soße Chilischoten, Koriander und Knoblauch in eine Schüssel geben. Fischsoße, Zucker und Limettensaft hinzufügen. Gut verrühren und beiseitestellen.
4. Auf jeden Spieß 3 Stücke mariniertes Schweinefleisch stecken. In einer Pfanne mit etwas Öl bei mittlerer Hitze von jeder Seite 4 Minuten braten.

TIPP

Besonders gut schmecken die Spieße vom Holzkohlegrill. Die perfekte Beilage dazu ist Klebreis.

Gebratene Hähnchenkeulen

Spieße mit Schweinefleisch

GEBRATENE HÄHNCHENKEULEN

✳ FÜR 4 PERSONEN ✳

VORBEREITUNG: 20 MIN. | GARZEIT: 8–10 MIN. | WARTEZEIT: 30 MIN.

- 1 Stängel Zitronengras, in dünne Ringe geschnitten
- 5 Knoblauchzehen
- 5 Stängel Koriander
- 3 EL helle Sojasoße
- 1 EL Fischsoße
- 1½ EL Austernsoße
- 1 EL Zucker
- Pfeffer
- 4 Hähnchenkeulen
- 2 EL geschmacksneutrales Öl

FÜR DIE SOSSE

- 2 rote Chilischoten, fein gehackt
- 5 Stängel Koriander, fein gehackt
- 1 Knoblauchzehe, gehackt
- 5 EL Fischsoße
- 1 EL Zucker
- ½ Limette

ZUBEHÖR

- Mixer oder Küchenmaschine

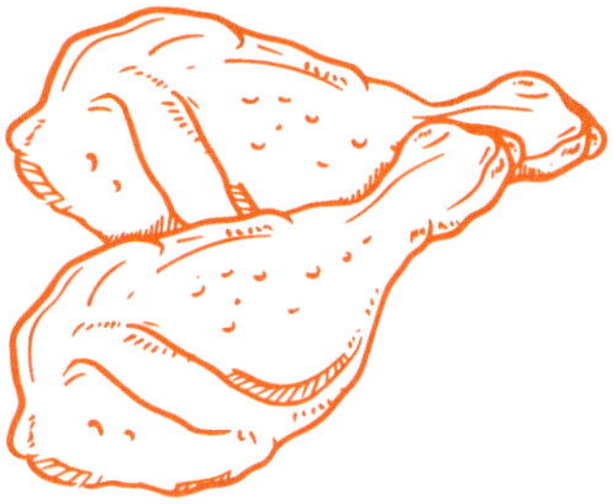

1. Für die Marinade Zitronengras, Knoblauch, Koriander, Sojasoße, Fischsoße, Austernsoße, Zucker und Pfeffer in einem Mixer glatt pürieren. In eine große Schüssel geben.
2. Das Fleisch an Ober- und Unterkeulen entlang der Knochen einritzen. Die Keulen in die Schüssel mit der Marinade legen, darin wälzen und abgedeckt 30 Minuten kühl stellen.
3. Für die Soße Chilis, Koriander, Knoblauch, Fischsoße, Zucker und Limettensaft in einer Schüssel verrühren. Beiseitestellen.
4. Das Öl in der Pfanne erhitzen. Die Hähnchenkeulen bei mittlerer Hitze 8–10 Minuten goldbraun braten, dabei regelmäßig wenden.

TIPP

Du kannst die Hähnchenkeulen auch auf dem Grill zubereiten. Sie schmecken sehr gut mit Klebreis und dem Papayasalat (siehe S. 100).

KLEBREIS-PLÄTZCHEN MIT KARAMELL

✶ FÜR 4 STÜCK ✶

VORBEREITUNG: 10 MIN. | GARZEIT: 25 MIN. | WARTEZEIT: 4 STD. | TROCKENZEIT: 6 STD.

- 300 g Klebreis
- Öl zum Frittieren
- 100 g Palmzucker
- 1 Prise Salz

ZUBEHÖR

—

- 2 Bambus-Essstäbchen

1. Den Reis zweimal abspülen. In eine Schüssel geben und 3 cm hoch mit Wasser bedecken. Mindestens 4 Stunden einweichen. Abtropfen lassen, in einen Dämpfkorb oder einen Couscoustopf geben und 18 Minuten über kochendem Wasser garen.
2. Den gegarten Reis auf ein Tablett geben und 10 Minuten abkühlen lassen. Aus dem Reis 4 gleich große Kugeln formen und diese zu Plätzchen mit 10 cm Durchmesser flach drücken. Dafür kann auch ein runder Ausstecher verwendet werden. Die Plätzchen 2 Tage an der Luft oder 6 Stunden in der Sonne oder in einem Dörrgerät trocknen lassen.
3. Das Frittieröl auf 170 °C erhitzen. Die Plätzchen hineinlegen. Wenn sie an die Oberfläche steigen, 8 Sekunden garen, dabei mit Essstäbchen immer wieder eintauchen. Umdrehen und von der anderen Seite ebenso 8 Sekunden garen. Aus dem Öl nehmen.
4. Palmzucker und Salz in einem Topf bei niedriger Hitze schmelzen. Die Mischung leicht karamellisieren lassen, dann auf die Plätzchen träufeln.

TIPP

Wer keinen Palmzucker im Haus hat, kann für das Karamell auch weißen Zucker verwenden.

KHAO PIEK SEN

✶ FÜR 4 STÜCK ✶

VORBEREITUNG: 30 MIN. | GARZEIT: 1 STD.

FÜR DIE BRÜHE

—

- 6-cm-Stück Ingwer, in 4 Scheiben geschnitten
- 2 Stängel Zitronengras, halbiert
- 5 Combava-Blätter
- 1 Zwiebel, halbiert
- 2 Hähnchenkeulen (550 g)
- 4 EL Fischsoße

FÜR DIE NUDELN

—

- 125 g weißes Reismehl
- 125 g Tapiokastärke
- 290 ml kochendes Wasser

ZUM SERVIEREN

—

- 8 EL geschmacksneutrales Öl
- 3 Schalotten, in Ringe geschnitten
- 4 Knoblauchzehen, gehackt
- 1 Frühlingszwiebel, in dünne Ringe geschnitten
- 5 Stängel Koriander, grob gehackt
- Chilischote oder Chiliöl (nach Belieben)
- Pfeffer
- Saft von 1 Limette

1. Für die Brühe 2,5 l Wasser in einen großen Topf geben. Ingwer, Zitronengras, Combava-Blätter, Zwiebel und Hähnchenschenkel hinzufügen. Zum Kochen bringen, abschäumen und abgedeckt bei schwacher Hitze 45 Minuten köcheln lassen.
2. Für die Beilagen zum Servieren das Öl in einer Pfanne erhitzen. Die Schalotten hellbraun braten, dann in einer Schüssel beiseitestellen. Im gleichen Öl den Knoblauch hellbraun braten, dann mit dem Bratöl in eine andere Schüssel füllen.
3. Für die Nudeln Mehl und Stärke in einer Schüssel mischen. Das kochende Wasser in kleinen Mengen unterrühren, bis eine bröselige Masse entsteht. Mit den Händen zu einem glatten, homogenen Teig verkneten. Mit einem Tuch abdecken, damit der Teig nicht austrocknet.
4. Die Arbeitsfläche mit Reismehl bestreuen. Den Teig zu einer großen Rolle formen und in 4 Portionen teilen. Abdecken, damit der Teig nicht austrocknet. Jede Portion zu einem 20 cm langen, 3 mm dicken Streifen ausrollen. Den Streifen quer halbieren, dann der Länge nach in 3 mm breite Streifen schneiden. Mit etwas Reismehl bestreuen, damit sie nicht zusammenkleben. Die Nudeln zugedeckt beiseitestellen.

5. Wenn die Brühe fertig gekocht ist, die Hähnchenkeulen herausnehmen und das Fleisch abzupfen. Die Gewürzzutaten aus der Brühe nehmen. Die Brühe wieder zum Kochen bringen und mit Fischsoße würzen. Die Nudeln 5 Minuten darin gar ziehen lassen, dann das Hähnchenfleisch zugeben.
6. Die Brühe mit Nudeln und Fleisch in Portionsschalen verteilen. Geröstete Schalotten, gerösteten Knoblauch mit Öl, Frühlingszwiebel, Koriander, Chiliöl oder Chili und Pfeffer zugeben. Jede Portion mit dem Saft von ¼ Limette beträufeln.

KNUSPRIGES SCHWEINEFLEISCH

FÜR 4 PERSONEN

VORBEREITUNG: 15 MIN. | GARZEIT: 25 MIN. | WARTEZEIT: 1 STD.

- 1 kg Schweinebauch am Stück
- 1 EL Salz
- 1 EL schwarzer Essig
- Öl zum Frittieren

FÜR DIE SOSSE

- 1 Knoblauchzehe, grob gehackt
- 1 kleine Schalotte, grob gehackt
- 4 Stängel Koriander, grob gehackt
- 2 rote Chilischoten (oder nach Geschmack), grob gehackt
- 6 EL Fischsoße
- Saft von ½ Limette
- 1 EL Zucker

1. Für die Soße Knoblauch, Schalotte, Koriander, Chilis, Fischsoße, Limettensaft und Zucker in einer Schüssel gut verrühren. Beiseitestellen.
2. Die Schwarte vom Schweinebauch abschneiden und aufbewahren. Das Fleisch in 3 cm dicke Scheiben schneiden. In einen Topf mit 2 l Wasser legen, Salz und Essig hinzufügen. Zum Kochen bringen und 15 Minuten köcheln lassen. Das Fleisch herausnehmen, auf ein Gitter legen und abgedeckt 1 Stunde an der Luft abkühlen lassen (oder über Nacht im Kühlschrank).
3. Das Frittieröl auf 180 °C erhitzen. Die Schweinefleischstücke 6 Minuten goldbraun frittieren, dann auf Küchenpapier abtropfen lassen. Jede Scheibe in 1 ½ cm breite Stücke schneiden und mit der Soße servieren.

TIPP

Dieses knusprige Schweinefleisch passt sehr gut zu Papayasalat (siehe S. 100).

HÄHNCHEN MIT THAI-BASILIKUM

✶ FÜR 4 PERSONEN ✶

VORBEREITUNG: 15 MIN. | GARZEIT: 20 MIN.

- 8 Hähnchenoberkeulen
- 4 Eier
- 2 EL geschmacksneutrales Öl
- 2 Knoblauchzehen, grob gehackt
- 2 Chilischoten, grob gehackt (nach Belieben)
- Blätter von 6 Stängeln Thai-Basilikum
- 480 g gekochter weißer Reis

FÜR DIE SOSSE

—

- 4 EL Wasser
- 2 EL helle Sojasoße
- 2 TL dunkle Sojasoße
- 1 EL Austernsoße
- 2 TL Zucker

1. Knochen und Haut der Hähnchenkeulen entfernen, dann das Fleisch in kleine Würfel schneiden. Beiseitestellen.
2. Für die Soße in einer Schüssel Wasser, Sojasoßen, Austernsoße und Zucker verrühren.
3. Die Eier in einer Pfanne zu Spiegeleiern braten, dann beiseitestellen.
4. Etwas Öl in eine Pfanne geben. Knoblauch und Chili bei mittlerer Hitze 20 Sekunden anbraten. Das Fleisch zugeben und 6 Minuten mitbraten. Dann die Soße zufügen und unter Rühren 1 Minute durchwärmen. Vom Herd nehmen, das Basilikum zufügen und 30 Sekunden unterrühren.
5. Das Fleisch mit weißem Reis servieren. Auf jede Portion ein Spiegelei setzen.

TIPP

Wenn man aus den Chilis die Samen und die weißen Häute entfernt, sind sie weniger scharf.

GEDÄMPFTER KLEBREIS MIT BANANE

✳ FÜR 16 PORTIONEN ✳

VORBEREITUNG: 30 MIN. | GARZEIT: 1 STD. | WARTEZEIT: 2 STD. + 30 MIN.

- 400 ml Kokosmilch
- 200 ml Wasser
- 150 g feiner Zucker
- ½ TL Salz
- 460 g Klebreis (2 Std. vorher in kaltem Wasser einweichen)
- 4 Bananen
- 16 Bananenblätter, 20 cm breit

1. Kokosmilch, Wasser, Zucker und Salz in einen großen Topf geben. Unter Rühren zum Kochen bringen, den abgetropften Klebreis dazugeben und ständig rühren, bis der Reis fast die gesamte Flüssigkeit aufgenommen hat (ca. 8–10 Minuten), dann 30 Minuten abkühlen lassen.
2. Die Bananen zuerst quer, dann längs halbieren. Die Bananenblätter mit der grünen Seite nach unten auf dem Herd anwärmen (um sie formbarer zu machen). Wenn die andere Seite zu »schwitzen« anfängt, sind sie fertig. Das dauert weniger als 1 Minute.
3. Ein Bananenblatt mit der grünen Seite nach unten auf die Arbeitsfläche legen. 1 EL Klebreis daraufgeben und etwas verteilen. Ein Bananenstück darauflegen und mit 1 EL Klebreis bedecken. Das Bananenblatt aufrollen, danach die Seiten einschlagen.
4. Die Päckchen in einen Dämpfkorb legen und 45 Minuten über kochendem Wasser garen.

TIPP

Wer keine Bananenblätter hat, kann die Füllung in Backpapier wickeln. Um alles zusammenzuhalten, die Päckchen zusätzlich in Alufolie wickeln.

ZUTATENREGISTER

A

B

C

D–E

L

M

N

O

P

T

V–W

X–Z

Bibliografische Information der Deutschen Nationalbibliothek
Die Deutsche Nationalbibliothek verzeichnet diese Publikation in der Deutschen Nationalbibliografie. Detaillierte bibliografische Daten sind im Internet über https://dnb.de abrufbar.

Für Fragen und Anregungen
info@mvg-verlag.de

Wichtiger Hinweis
Ausschließlich zum Zweck der besseren Lesbarkeit wurde auf eine genderspezifische Schreibweise sowie eine Mehrfachbezeichnung verzichtet. Alle personenbezogenen Bezeichnungen sind somit geschlechtsneutral zu verstehen.

1. Auflage 2023

Türkenstraße 89
80799 München
Tel.: 089 651285-0
Fax: 089 652096

Übersetzung: Wiebke Krabbe
Redaktion: Ulrike Reinen
Umschlaggestaltung: Maria Verdorfer
Umschlagabbildungen und Abbildungen Innenteil: Sophie Dumont
Rezeptentwicklung: Thai Liou, Isabelle Claude
Layout: Maeva Lebegue
Satz: inpunkt[w]o, Wilnsdorf (www.inpunktwo.de)
Druck: Firmengruppe APPL, aprinta Druck, Wemding
Printed in Germany

ISBN Print 978-3-7423-2555-6
ISBN E-Book (PDF) 978-3-7453-2330-6
ISBN E-Book (EPUB, Mobi) 978-3-7453-2331-3

Weitere Informationen zum Verlag finden Sie unter
www.mvg-verlag.de
Beachten Sie auch unsere weiteren Verlage unter www.m-vg.de